Ein Buch?? Ihr Arschlöcher!

Die Deutsche Bibliothek - CIP-Einheitsaufnahme
Ein Buch?? Ihr Arschlöcher!
Kiel: Semmel Verl., 1993
ISBN 3-89460-049-7

1. Auflage 1993
Semmel Verlach
Winfried Bartnick
Werftbahnstr. 8
2300 Kiel 14

Printed in Belgium by Proost, Turnhout
© Semmel Verlach 1993
ISBN 3-89460-049-7

Der Stapler

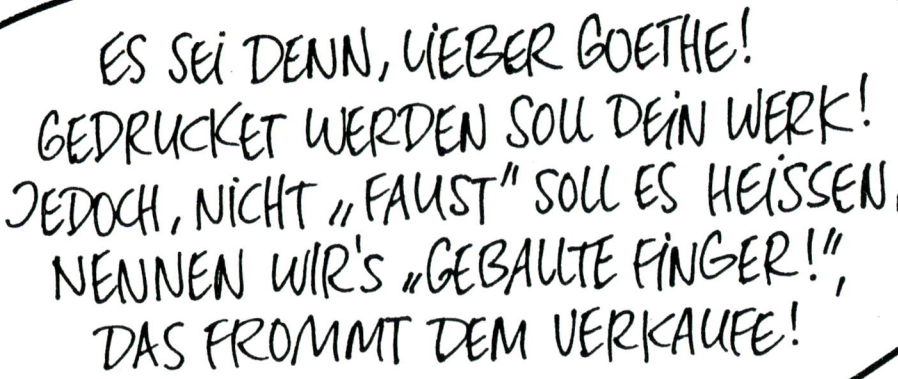

Er kam überhaupt nicht mehr zum Lesen.

> Eckermann hat mich falsch verstanden — ich meinte immer die GELDLITERATUR

Als Mundschenk, Hofnarr und Vorleser zugleich war der Prinzgemahl fast überfordert.

RECHTSINTELLEKTUELLISMUS

A. HITLER – MEIN KAMPF

DIE AUSCHWITZ LÜGE

DER ERFINDER DES TASCHENBUCHS

EINE ROBBE BEIM LEKTOR

AUF DEM AUTORENKLO

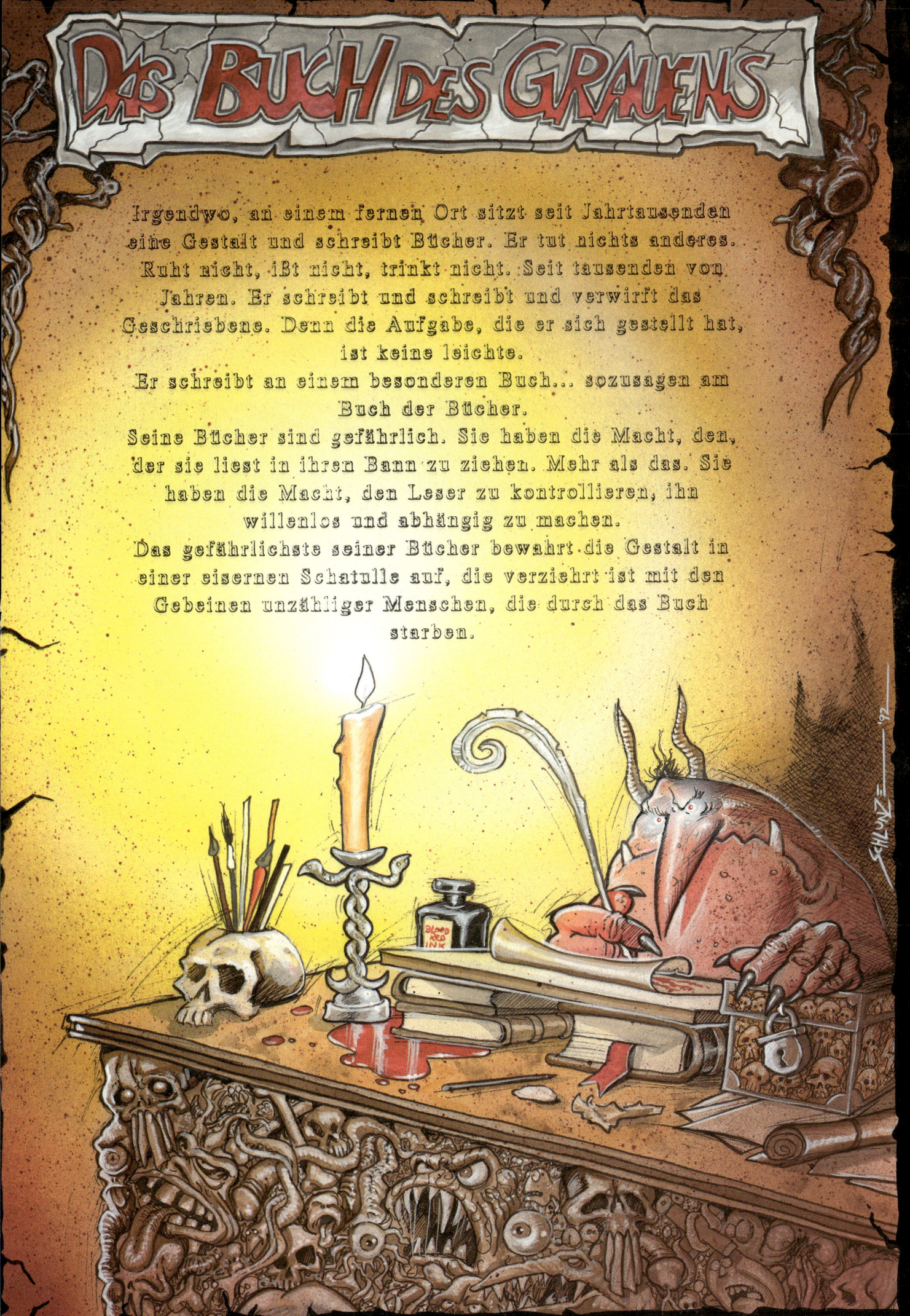

Das alles vermochte dieses eine Buch. Und deshalb ist die Aufgabe, die sich die Gestalt selbst auferlegt hat so unsagbar schwer, fast schon unmöglich. Ein Buch zu schreiben, welches sein Meisterwerk noch übertrifft. Und so beginnt er seit einigen hundert Jahren immer wieder von vorn. Unzufrieden mit dem, was er in jahrelanger Arbeit formuliert hat... aber es wird schon werden. Er hat ja alle Zeit der Welt. Nichts läuft ihm davon.

Den Titel des Buches, den hat er schon: Die Bibel - Teil Zwei

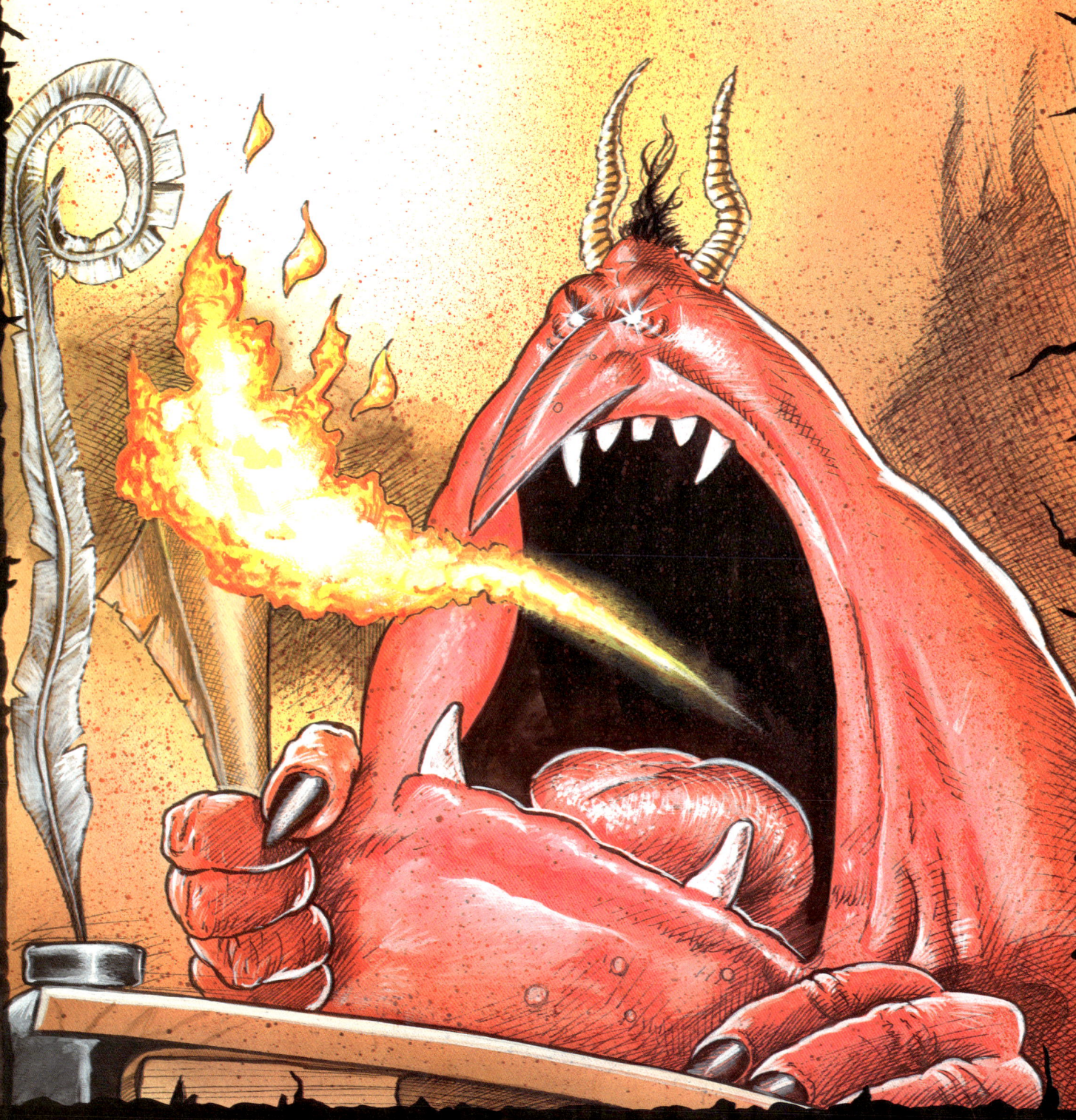

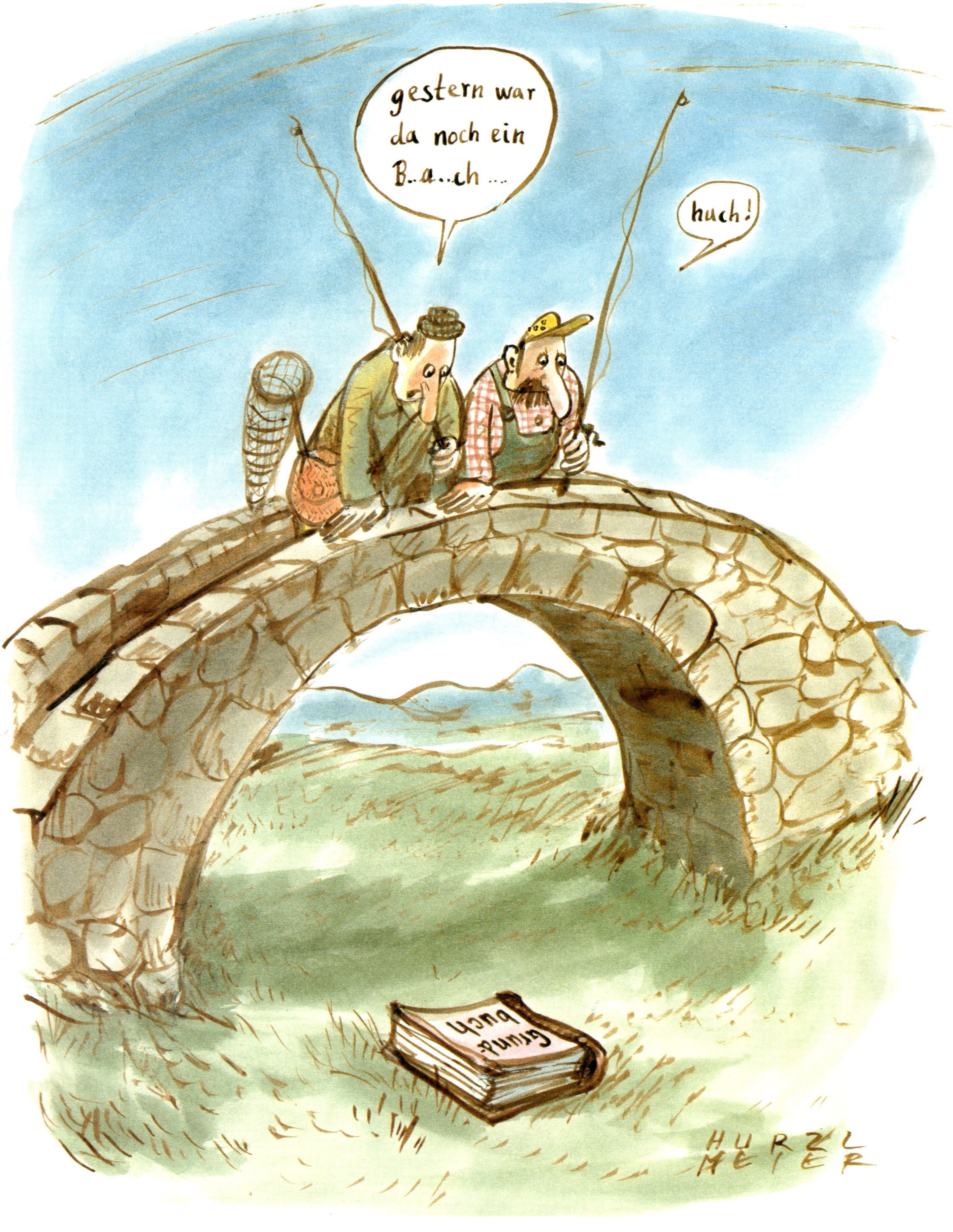
gestern war da noch ein B..a...ch ....
huch!
Grund buch
HURZL MEIER

gutes Buch

Tagebuch

Kochbuch

Taschenbuch

Kinderbuch

Gebetbuch

Sparbuch

Drehbuch

Sachbuch

Gesangbuch

Humbuch

Buch mit 7 Ziegeln

Braun-Buch
DIE AUSCHWITZ LÜGE
DIE AUSCHWITZ LÜGE
DIE AUSCHWITZ LÜGE
GLITSCH!
DIE AUSCHWITZ LÜGE
Naja...
DIE AUSCHWITZ LÜGE
Manche Bücher verlangen echt Opfer von einem!
DIE AUSCHWITZ LÜGE

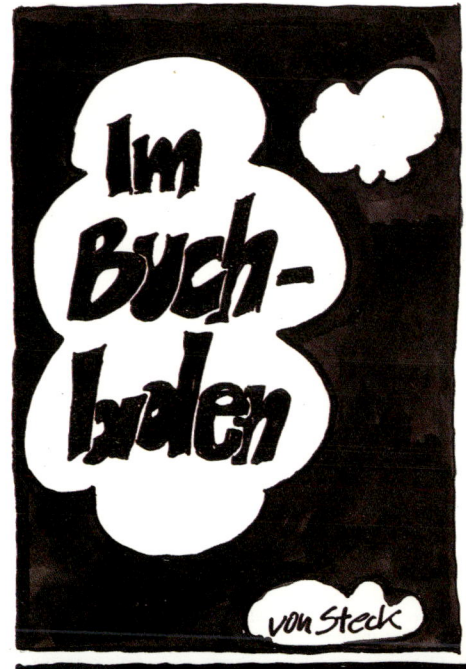

Im Buchladen

von Steck

"Faust von Joethe hätt' ick jerne!"

BUFFZ

"Nee, Männeken! Se vastehen mir nich, wa?! Ick meine »Faust« von Johann Wolfgang Joethe!!!"

"Oder watt!"

Johann Wolfgang!!! Kundschaft!!
Sie wünschen?
Faust!!!
Kawumm
Bücherladen Gebr. Joethe
Spitzenladen!

Das Buch der Bücher

Die Bibel, liebe Gemeinde! Es ist die frohe Botschaft unseres Herrn, der zu uns kam dereinst, die Menschen zu erlösen von allem Übel! Es ist die Botschaft der Liebe und...

... des Friedens! Sie lehrt uns Toleranz dem Andersartigen gegenüber! Dem Fremden; letztlich Liebe...

... zur Schöpfung Gottes! Ja, sie allein mag uns versöhnen mit...

Bsss!

... der Natur!

Aaarrrgh! ZAWATSSH

Der Dichter

Ich hasse Dichterlesungen!

Ich hasse Nähmaschinenöl!

Ich hasse Dreitagebart-Spray!

Ich hasse Konzentriertes Wein-Aroma aus Muttis Backstube!

Ich hasse Schminke!

Aber nur so lieben sie mich!!!

Literaturkritik

"Du schämst dich wohl gar nicht, was!!"

"Mein Herr Sohn liest Bücher! Wer hätte das gedacht. Ich glaube es hackt!!!"

"»Lewis Carroll, Alice im Wunderland«!!! Und sowas in meinem Haus! Na, das wird Folgen haben, mein Lieber!!!"

"Und jetzt werden andere Saiten aufgezogen: Ab vor die Glotze, aber zackig!!! Bißchen Dalli!"

"Und danach gibt's noch'n ordentlichen Satz SUPER-NINTENDO! Die Flausen treib' ich dir schon aus!!!"

BLAMM!!!

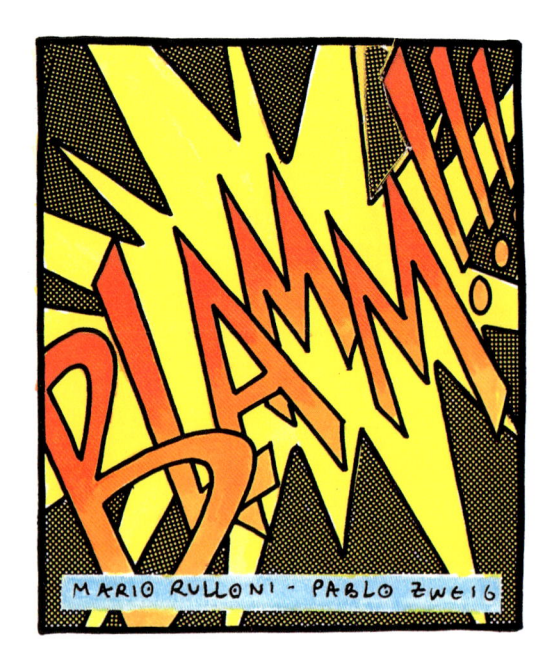

MARIO RULLONI - PABLO ZWEIG

BLAMM!!!

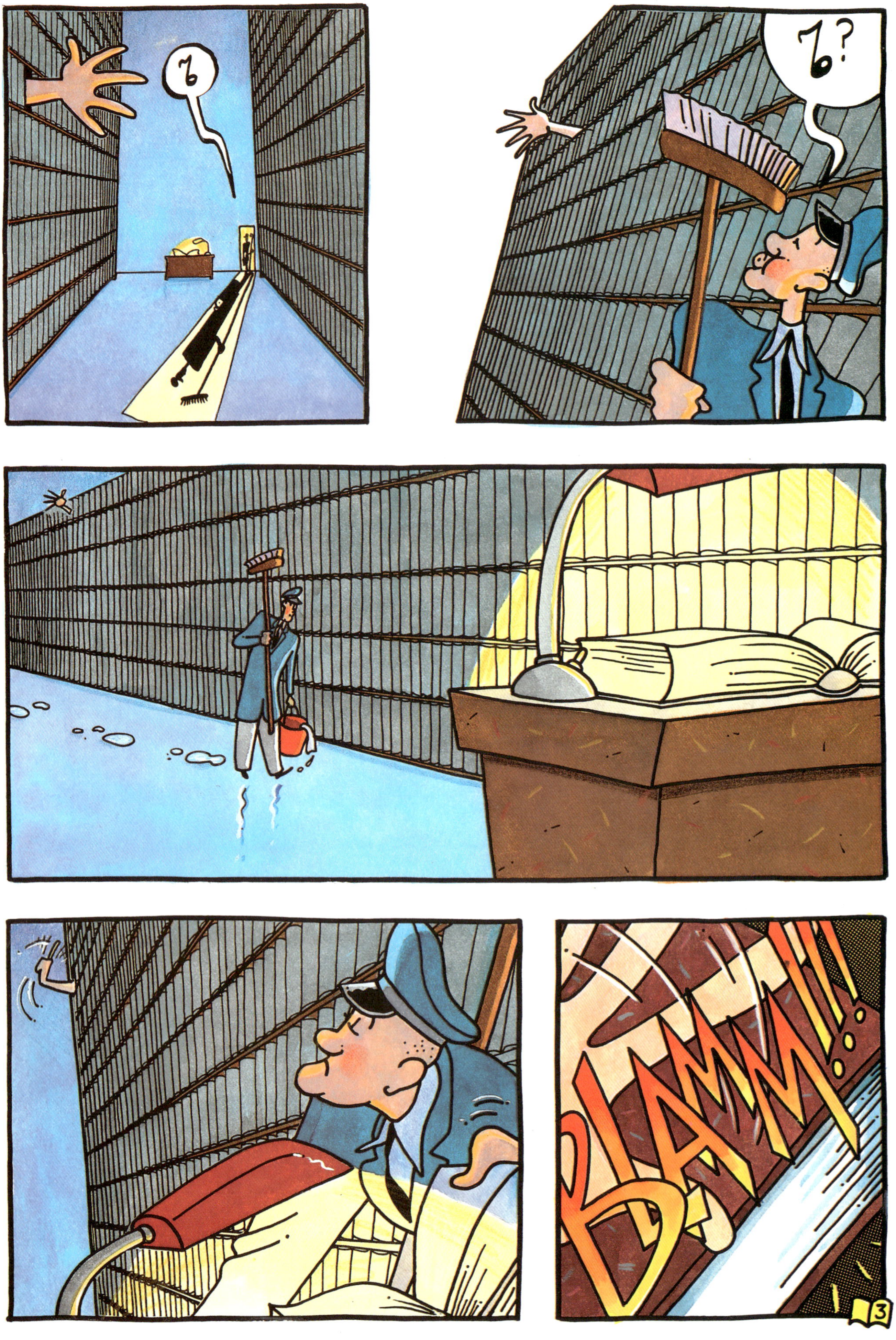
BLAMM!!

-ENDE-

SEMMEL SPECIAL

56 Seiten, 4-farbig, DIN A4, DM 29,80

64 Seiten, 4-farbig, DIN A4, DM 19,80

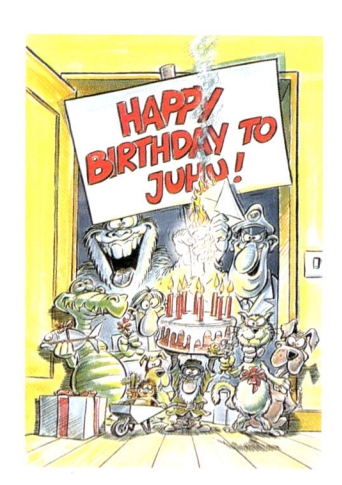

48 Seiten, 4-farbig, DIN A4, DM 24,80

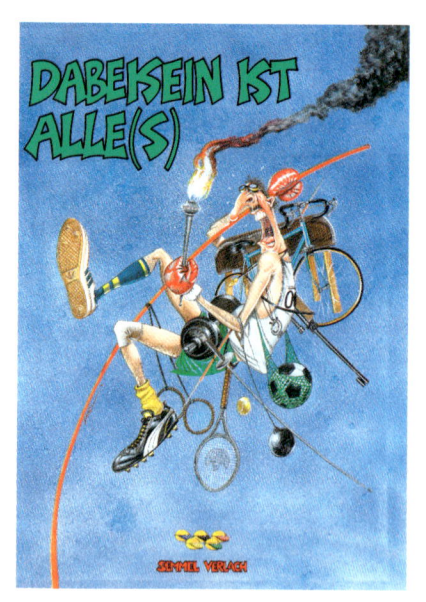

80 Seiten, 4-farbig, DIN A4, DM 24,80

80 Seiten, 4-farbig, DIN A4, DM 29,80